率土之滨

艺术设定集

网易游戏第十事业部　编著

電子工業出版社
Publishing House of Electronics Industry
北京•BEIJING

图书在版编目（CIP）数据

率土之滨艺术设定集 / 网易游戏第十事业部编著 . —北京：电子工业出版社，2020.12

ISBN 978-7-121-39729-5

Ⅰ . ①率 … Ⅱ . ①网 … Ⅲ . ①网络游戏－介绍－中国 Ⅳ . ① G898.3

中国版本图书馆 CIP 数据核字（2020）第 191065 号

责任编辑：田　蕾　　　　　　特约编辑：田学清
印　　刷：北京利丰雅高长城印刷有限公司
装　　订：北京利丰雅高长城印刷有限公司
出版发行：电子工业出版社
　　　　　北京市海淀区万寿路 173 信箱　　　邮编：100036
开　　本：889×1194　1/16　　印张：18.5　　字数：473.6 千字
版　　次：2020 年 12 月第 1 版
印　　次：2020 年 12 月第 1 次印刷
定　　价：168.00 元

凡所购买电子工业出版社图书有缺损问题，请向购买书店调换。若书店售缺，请与本社发行部联系，联系及邮购电话：（010）88254888，88258888。

质量投诉请发邮件至 zlts@phei.com.cn，盗版侵权举报请发邮件至 dbqq@phei.com.cn。

本书咨询联系方式：（010）88254161 ～ 88254167 转 1897。

序言

魁冈既且，青女余华。
揽室宿于东隅，观天栋之归墟。

指及之莫算，时复之明逝。
诸侯矣，智夺魄，才惊魂，吞山河而掌溥天之下。
将星乎，士如龙，兵胜虎，驰九地而聚率土之滨。

五载昭始，十数还书。
励求进而不止，勉致远而未息。
凡军卒征备，战将捍御。
七曜以迁故，恒以为训，一季以易昔，勤以为铭。

方魑魅续出，狞獝环伺，诽讽谗语，诘谣伪真。
纵刃及体，棘戕股，然前军者，负旗辟道，难无恙，
而无殆！

丹青更数，尽录成册，宾饯日月，世岁如观，诚邀
诸公品鉴。

目录

武将篇

君王系列

所谓君王，
九五至尊，
承天命而统御四海。

曹操

曹操，字孟德，早年曾经参与各诸侯的联合讨董之战，后逐步平定北方各个势力，最后进爵魏王。曹操是一个颇有争议的人物，其形象在无数作品中也得到了不同的演绎。如何设计一个既符合我们自己游戏调性，又与众不同的曹操？经过思考，最后参考了《三国志·魏书》中对魏武帝的描写——治世之能臣，乱世之枭雄，不难看出，曹操应当是一个霸道且极有实力的人。

图 1

第一版草图，定下了冠冕、盘旋于身后的龙和剑 3 个意向。冠冕和盘旋于身后的龙表现了曹操掌控天子、“挟天子以令诸侯”和魏太祖的身份。但是人物形象不够沉稳，缺乏王霸之气，因此决定进行部分修改。（图 1）

第二版草图，整体效果基本达到要求，因为其王道霸气，比较适合偏向正面的构图，所以最终采用这种构图。另外，为了体现曹操的武德充沛，故用一只手执剑向前，以表现其强大的武力。但本版人物形象过于年轻，所以还需要进一步优化。（图 2）

图 2

图3

最终效果，增加了脸部的细节，使其不同于孙权和刘备，显示出更加霸道的气质。这是本游戏第一个定稿的武将，其最终效果很好地体现了那种问鼎天下的霸气。（图4）

图 4

刘备

刘备，字玄德，年少时拜卢植为师，后参与平定黄巾之乱、讨伐董卓等行动。诸侯纷争之时因实力有限，多依附于他人，但是通过不懈努力和宽仁的性格终于建立了蜀汉政权。刘备给人的印象有两点：一是仁德；二是大器晚成。与曹操早早统一中原不同，刘备五六十岁才建立霸业。他没有曹操“舍我其谁”的霸气，也不似孙权那般朝气蓬勃。他坚韧不拔、宽厚仁慈，有着岁月的沉淀和厚重的心灵底蕴。

所以，我们最终确定表现出刘备厚积薄发、靠自己内修仁德来吸引天下豪杰前来辅佐的特点。

图 1

第一版草图，有足够的细节表现其君王的身份，但是显得过于霸气，和曹操的形象有所重叠，故进行了修改。（图 1）

最终稿细化过程，用白龙代表人望与力量——被刘备吸引主动前来相投。武器为演义里提到的双股剑。当然，作为“三皇”之一的刘备也是个帅哥。（图 2、图 3）

最终效果，未出鞘的剑体现了“不杀”，也就是刘备的仁义；头上的些许白发表明了其大器晚成的特点；整体装饰比曹操更加朴素，眉宇间显示的是坚毅而非霸道，符合对刘备的设计定位。（图 4）

图 2

图 3

图4

孙权

孙权，字仲谋，是“三皇”中最年轻的一位，相较曹操和刘备而言，其征战较少，更多的是治国和外交方面的成就。他继承父兄的地位，少了几分枭雄狠辣的味道，多了一些世家贵族的富贵之气。同时他作为一位优秀的帝王，也绝不缺少横扫天下的气魄。但他的气魄与曹操和刘备相比，更偏向于朝气蓬勃的感觉，故人物形象要符合年轻人的设定。最终确定的画面表现他作为皇者雄踞江东、北望中原、自信能够一统天下的特点。

图 1

初稿主要体现了皇家的尊贵，但没有特色。在项目早期，并没有“三皇”的概念。但是随着卡牌数量的增加和对曹操的喜爱，决定把曹操、刘备、孙权三个皇者制作成整个卡牌体系中顶级的画面组合。于是抛弃了已经完成的孙权(图 1)、刘备的方案，以曹操的效果为标准，采用相似的构图与情景打造“三皇”。

最终稿细化过程，基于“三皇”的方向设定，定稿的孙权形象经过多次修改，最重要的是要体现他的朝气蓬勃和意气风发。考虑到已有吴国人物的高颜值，最终确定孙权是一个年轻、帅气的形象，但不是冷峻风格的，而是偏热血一些的感觉。（图２）

图２

最终效果，身后的龙比起曹操和刘备的龙有点张牙舞爪的感觉，显得更有活力，比较符合“年轻”的感觉。手上的剑完全出鞘，锋芒毕露，亦是在强调这种“年轻”的感觉。同时在背景中加入了一些波浪的线条，符合江东水道很多的情况。（图３）

图3

灵帝

汉灵帝是一个典型的昏君，贪财好色、宠幸奸臣，在位时期天下大乱。但是他能压制住天下的各种问题，汉朝在他在位期间并没有崩溃。可见灵帝绝不是一个愚蠢的昏君。他扶持宦官与大臣对抗、扶持外戚和宦官对立、设置西园八校尉掌控兵权，足见其精通帝王之术。

但是灵帝过于荒淫好色，所以其人物形象上应该是比较虚弱的。

初步确定灵帝是一个既虚弱、病态，又强大、阴郁凶狠的角色。

初稿，饮酒放松状态的灵帝，配有凶狠的眼神（图 1）。由于反映“荒淫程度不够”，因此调整了环绕的美女。调整后荒淫程度和凶狠程度都够了，但是人物构图气势不够大，不符合帝王形象。

图 1

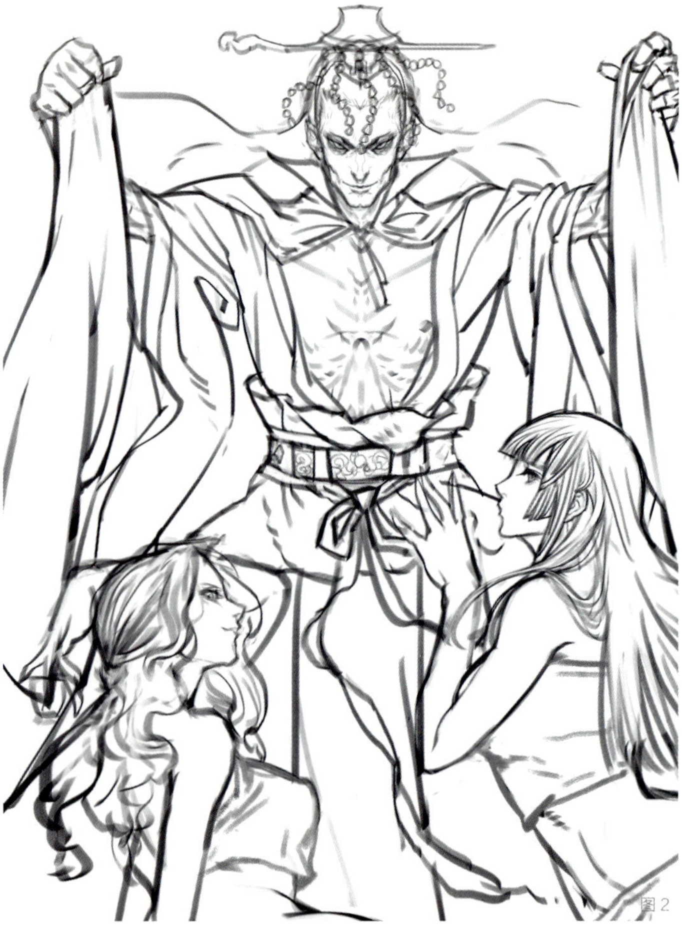
图 2

图3

最终稿细化过程，将构图改成正面，并且让灵帝处于高高在上的位置，气势就足够了（图2、图3）。

最终效果，重点表现了灵帝的神态，将凶狠和荒淫的感觉用眼神来表现。另外，细化了灵帝瘦骨嶙峋的胸膛，将病态的感觉很好地展现出来。（图4）

图 4

孙坚

孙坚，字文台，史书称其“容貌不凡，性阔达，好奇节”。他年少有为，挥师讨董，一路上杀伐果断，震慑四方，甚至还杀至洛阳，取得了玉玺。故而在设计时会更强调其霸气的表现。同时他还是吴国基业的奠基人，故要表现一种王者的气质。

第一版草图，感觉形象不够突出，有些大众化，没有突出的特征，故而放弃（图 1）；第二版草图，更有猛将的感觉，但还是缺乏明显的特征，没有王者之气（图 2）。

图 1

图 2

图3

图4

最终稿细化过程，更多地加入了王者气概。（图3、图4）

最终效果，保持了和吴国武将一致的红色色调，重点放在突出一种霸气和王者气质的表现上。因为他是吴国发迹的灵魂人物，所以大胆地加入了很多龙形的装饰。另外增加了很多骷髅的装饰和宽大、夸张的宝剑来突出人物身上的杀气。（图5）

图5

策士系列

身处茅庐却知天下大势，
所谓运筹帷幄不过如此。

郭嘉

郭嘉在画师的理解中，和其他知名的策士相比有很大的不同，比如与诸葛亮相比，诸葛亮是堂堂正正的战略家，用计奇正相合，不会偏向阴狠奇诡；而郭嘉则是洞悉人性弱点，根据对手性格特点做出相应的布置，用计偏向奇诡，甚至带有神秘色彩。

有人评价郭嘉“神人无功，达人无迹”。他像一个隐藏在幕后的阴谋家，只是没有堕落成令人厌恶的角色，虽然令人畏惧，但依然有点“出淤泥而不染”的感觉。

根据这种人物特点，初期希望将他设计成一个带有邪笑的、潜伏在阴影中的形象。

图 1

图 2

最终完成的稿子，重新调整了郭嘉的定位，改为一位能够洞悉人性，却不会让自己疯狂，而是冷眼旁观的策士。其表情显示出沉稳和冷静；皮草表现他体弱多病的一面；后面增加了喜怒哀乐的面具，代表他对人性的洞悉与掌控；在画面亮处放置代表战略的地图和长剑，作为其掌控天下时局的象征。（图 4）

图 3

图4

诸葛亮

诸葛亮，字孔明，是蜀国阵营最重要的谋士，到今日已经发展成智慧的化身。诸葛亮的智谋在演义里多走正道，以阳谋取胜。他不像郭嘉那样偏向掌控人心，也不同于庞统的诡计多端，而是堂堂正正，善于利用大势取得胜利。

他的人物形象是完全正面的，几乎找不到道德上的问题，品德上也是完美的。所以设计的时候就不能像郭嘉或庞统一样，在画面上利用黑暗元素增加冲突。

初步考虑将诸葛亮的知名事迹作为设计构图的起点，如草船借箭、借东风、隆中对、空城计等。

图1

图2

图3

图4

图1，以“借东风”为主题的设计；图2，以“草船借箭”为主题的设计；图3，以“三分天下”为主题的设计；图4，一张表现诸葛亮少年时读书的方案图，因为和诸葛亮的形象联系太少，后遭放弃。

比较来看，“三分天下”设计图的意境、气势最足，符合人物靠智慧改变天下大势的强大气魄，故最终选择这个主题。（图 5）

最终效果，在细化的过程中参考古人爱留胡子的特点，为诸葛亮增加了胡子。加上胡子后的形象更加成熟，也显得更加沉稳，非常符合该人物的气质。（图 6）

图 5

图6

庞统

庞统，字士元，号凤雏，为刘备帐下重要谋士。正是得益于庞统的建议，刘备才得以顺利入主川蜀。遗憾的是，庞统在率兵围攻雒城时不幸中箭身亡，时年三十六岁。在设计时希望能表现出一种与诸葛亮不同的、更富有神秘感的形象，故会在外形上多一些独特的装扮，而非正统的谋士服。

图 1

图 2

初稿，感觉飘逸有余，但不像是军师的形象。不过形象上达到了需要的那种带些神秘感觉的需求（图 1、图 2）。

最终稿细化过程（图 3、图 4），增加了一种在隐秘小道中探索的感觉，侧面表现其善谋的一面。历史上的庞统主要在投奔刘备后的川蜀作战时显示出很强的军事才能，也在给刘备入蜀提出意见时展示了其优秀的战略眼光。因此，在设计卡面效果时也着重表现川蜀茂密的竹林。（图 5）

图 3

图 4

图5

周瑜

周瑜，字公瑾，是东吴阵营最重要的角色之一。他不是单纯的谋士，而是第一代大都督、三军的统帅，所以，人物形象不能过于文弱；他也不是猛将的类型，而是文武双全的统帅型角色。

与蜀、魏阵营的知名角色相比，周瑜应该具有东吴阵营独特的视觉风格。东吴阵营的视觉风格设定是颜色热烈、造型偏美、装饰细节多。

最终决定使用“赤壁之战”来作为构图的包装。

最终的完成效果，重点在细化人物表情上，尽可能地将那种自信表现出来。最后，一个胜券在握、“谈笑间，樯橹灰飞烟灭”的形象跃然而出，达到了设计时对人物的定位。

最终稿细化过程，确定了两个特点：羽扇纶巾和樯橹灰飞烟灭，以此来表现赤壁之战中周瑜指挥若定，笑看曹操大军灰飞烟灭的形象。

陆逊

陆逊，本名陆议，字伯言，东吴著名的大都督，为唐朝追封的“古代名将六十四人”之一。他一生出将入相，被赞为“社稷之臣”。

陆逊早年在吴县中便以博览群书而闻名，之后又在吕蒙攻伐关羽之时出谋划策，可见是极富智慧的人物。而他于夷陵打败由刘备率领的蜀汉大军、火烧连营的故事在后世广为流传，所以打算用和火焰相关的元素来表现其形象。

第一版草图，需要的元素都有所体现，但氛围不够，看上去不像是一个怀着必胜决心的都督，故重新进行构图设计。（图 1）

图 1

图2

最终稿细化过程，重新进行了构图设计，但是保留了火焰的元素，同时也根据江东水域广、船只多的特点在背景处添加了一些船帆。(图2、图 3)

图3

最终效果，画面表现的是夷陵之战时，陆逊作为大都督面对强敌时的场景，着重刻画了人物踌躇满志、决心克敌的形象。人物手中的剑正要拔出，可以想象下一刻将是他对着众将士慷慨陈词、鼓舞士气的一幕。而临战前那种紧张气氛下的魄力变得愈加突出，很符合人物设计的需求。(图 4)

图4

法正

法正，字孝直，是刘备帐下谋士，善奇谋，深受刘备信任和敬重，恩怨分明、锱铢必较。在执掌大权后，他对施恩给他之人都多加照顾，但对与其有矛盾之人都进行打击，“擅杀毁伤己者”不在少数。

可以看出，法正虽名为正，却不完全是正人君子，反倒有股乖戾之气。他是一个相当厉害的军师，所以形象上会更偏向文官。最后综合决定将其塑造成一个眉目间带有一丝戾气的文士形象。其武器选用剑，因为剑是很有杀伤力的武器，比较符合人物乖戾的气质。

图 1

图 2

第一版草图，有种临阵指挥的感觉。但法正更多的是作为谋士而非将领，因此决定重新设计人物动作（图 1）；第二版草图，比较好地表现出人物的戾气，但还是有军旅之感，因此再次尝试其他构图方式；最终稿细化过程图，最终选择了偏向意向而非写实的构图（图 2）。

最终效果，拔开的宝剑比较好地突出了画面，同时也显示了人物的戾气；而略微飘逸的动作和戾气相互抵消，使人物更果敢；背景选用了比较符合飘逸构图的卷云，而为了不让画面显得太虚使用了浮雕的形式。（图 3、图 4）

图 3

图 4

图5

陈宫

陈宫是一个比较悲情的角色，他跟随过曹操，但因为看不惯曹操的狠毒而离去。遇到吕布后，他尽心辅佐，怎奈吕布是一个听不进劝的人，最终落得被前主子擒获的下场。从陈宫给吕布提出的计策可以看出他确实是一个有智慧的人，这种人定能看出曹操比起吕布更有可能在乱世中成就一番霸业。但是，陈宫的气节让他不能容忍曹操的背信弃义，这也足见陈宫是个重义之人。基于这些点，在设计外观时，重点突出了其谋士的形象和一股浩然正气。因此添加了文士袍和佩剑，以烘托人物的特点和品格。

第一版草图，虽然需要的元素具备，但勇猛有余，风雅不足，气质上不符合对陈宫的定位（图 1）；第二版草图，问题类似，另外倾斜的构图与人物的正气不相符，故重新考虑其他方向（图 2）。

图 1

图 2

最终效果，不再纠结构图是否正的问题，着重对人物的神态进行刻画。虽然还是有领兵武将的感觉，但是将飘逸长袍覆盖在铠甲之上大大淡化了这种感觉。另外，该人物的感觉是拔剑四顾，略微有些茫然，却也在眉宇间透露出一丝坚定。这种感觉比较符合陈宫多次劝阻吕布失败后的无奈，同时也表现了他坚定追随吕布抗击曹操的那种坚持。（图 4）

图 3

图4

徐庶

徐庶，本名徐福，字元直。东汉末年刘备帐下谋士，后归于曹操。历史上他最主要的事迹是为刘备引荐了诸葛亮。他在归于魏国后并未得到重用。而演义中他的形象比较丰满，颇有一种忠孝难两全的悲壮感，因此决定设计出一种悲壮的感觉。

初稿，因为徐庶早年喜欢练剑，行侠仗义，甚至因替人报仇而被官方缉拿，故设计了有侠气的形象。不过构图上显得过于像是游侠而非策士，因此进行了优化。（图 1）
最终效果的细化过程，重新进行了构图，强化了一种略微悲伤的气氛。（图 2）
最终效果，比较好地表现了悲壮的感觉。为了体现这一感觉，把背景设计成漫天白雪的场景，同时将人物的表情也设计得相当凝重。宝剑不但表现出了人物早年游侠的身份，而且其半开的状态也是对人物内心挣扎的一种隐喻。（图 3）

图 1

图 2

图3

将军系列

坐镇中军，可使百万之军行若一人，
于是沙场之中无可敌手。

邓艾

邓艾是三国时期一位杰出的军事天才，唐代所追封的“古代名将六十四人”之一，同张辽、关羽等名将一同入庙宇享奠。邓艾没有死在一生奋斗的沙场中，而是因同僚的嫉妒猜忌被害。综合来看，邓艾是一位不够通达人情，但特别善于统兵之人。同时他也不似吕布、赵云这种会亲自上阵杀敌的将领，而是一位坐镇中军的大将。所以在最终设计时，其形象上选用了偏向儒将的风格，以更好地表现他兵法烂熟于心的形象。

图 1

第一版草图，人物的服饰和脸部细节达到了设计的预期，但动作造型有些太过刚硬，缺乏儒将的风范，因此更换了方向。（图 1）

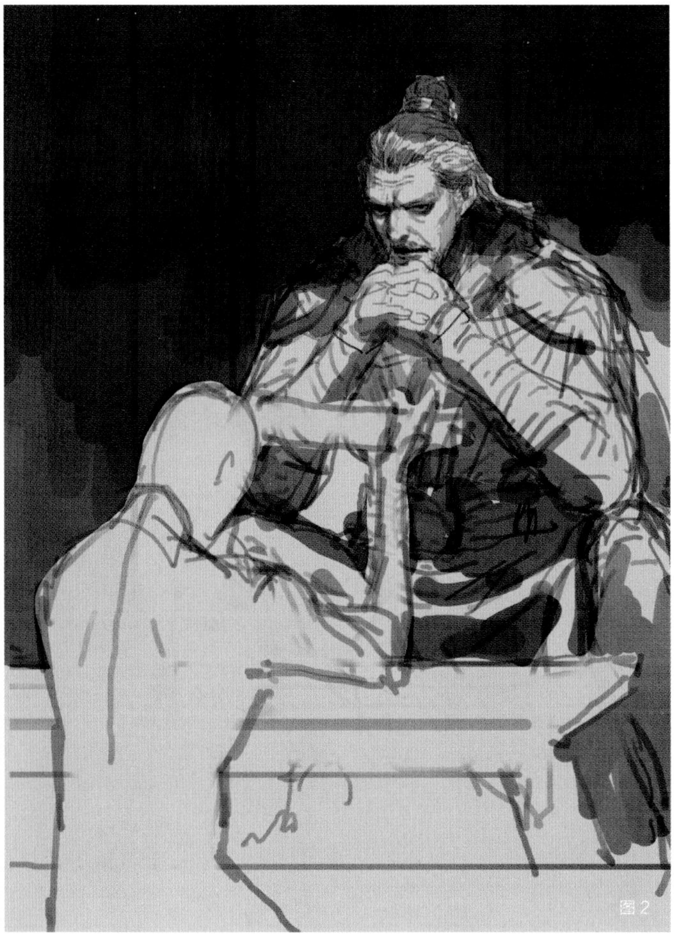
图 2

图 3

第二版草图，确实有坐镇中军的大将之感，但姿势有些呆板，而且整体感觉有些阴沉，最终没有采纳。（图 2）

最终稿细化过程，重新对人物的造型进行了修改，力图表现一种眺望蜀地的感觉。（图 3）

最终效果，人物手握书卷符合其儒将的定位，半遮掩的袍子使其显得比较内敛。场景设置为军营之中，取材是邓艾和钟会伐蜀期间的情形，有一种远望蜀地、不断研究如何才能打赢的感觉。同时，为了表现这种感觉，人物会有一种思考的神态，显得比较深沉。（图 4）

图 4

张辽

张辽，字文远，是历史上公认的名将。他最为人们称道的事迹就是在逍遥津打出了以少胜多的经典战役。能击败十倍于己的强大敌军，而且是亲自带兵冲锋，这足见张辽不但智谋无双，而且骁勇善战，是一位英姿勃发的上将军。

基于此，在进行人物设计时，不是单纯体现其勇武或智慧，而是体现其全面均衡但又非常强大的感觉。

图 1

最终稿细化过程，构图选取了人物横枪立马、回望身后的角度，以突出人物的威武气势。（图 1）

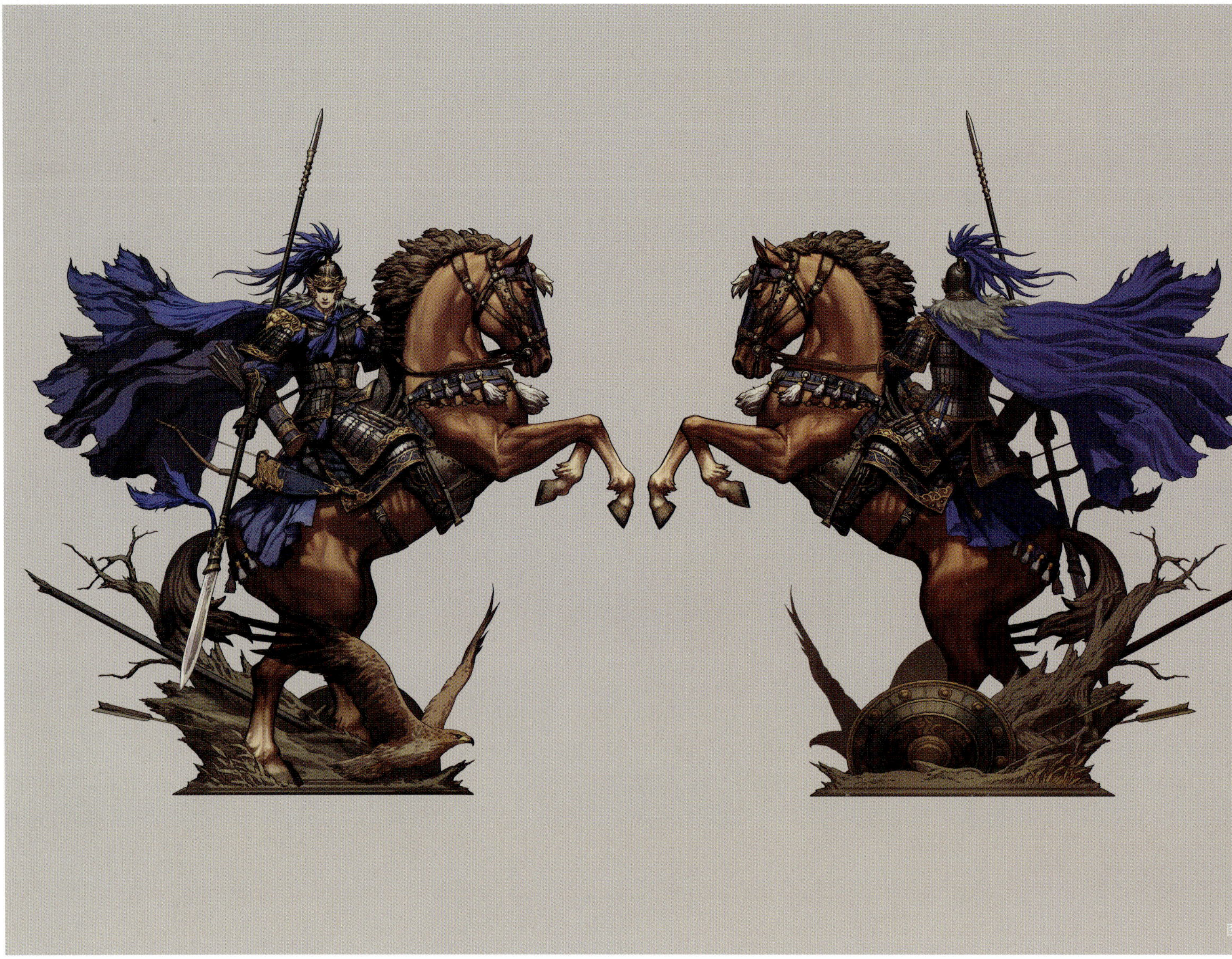

图2

张辽形象设定的一些细节，可以从不同的角度看到。（图 2）

最终效果，人物的铠甲、装饰都比较霸气，显得威风凛凛。为人物设计的箭袋，不但进一步体现了人物的超群武艺，也丰富了构图；比较显眼的亮色，使得画面没那么沉闷。此外，人物的发色大胆地采用了白色，目的是将头盔和披风、铠甲做一个隔离，当然也可以让人物显得更酷。（图 3）

图3

赵云

赵云是三国里面最强力的武将之一，在人物形象设计上，最重要的是如何做出赵云与其他强力武将（如吕布、典韦、关羽、马超）的区别。

在文学作品中，赵云几乎是一个文武双全的完美形象，不但个人道德品质无可挑剔，还是公认的美男子，且没有其他知名武将性格上的缺陷。

基于此，确定了几个关键词：强大、冷静、英俊。

第一版草图，人物足够英俊，但是显得不是很强力，一副书生模样，不像武将，因此重新进行了构图和形象设计。（图 1）

第二版草图，加上铠甲和飘逸的披风后有了武将的感觉，但显得过于飘逸，不够沉着冷静，因此决定在保留铠甲的基础上，再设计新的构图。（图 2）

图 1

图 2

最终稿细化过程，在重新设计后，人物的飘逸感觉弱化了，通过头发、旗帜等细节保留了其精髓。（图3）

最终效果，主要表现出人物英气逼人的感觉。头盔上的龙饰与赵子龙的称号相得益彰；手持银枪是对历史和演义中赵云形象的还原；另一只手紧握宝剑则是对长坂坡故事的隐喻，同时也增加了人物的杀气，使其看上去更像是英姿飒爽的武将。（图4）

图3

图4

马超

马超，字孟起，是东汉末年的西凉军阀，同时在演义中也是可与许褚打得有来有回、把曹操杀得丢盔弃甲的猛将。因为在人物形象设定上想采用他尚未归顺蜀国时的形象，所以会更倾向把他塑造成一个彪悍但又帅气的骑兵将领形象。根据这种思路，经过多次修改，最终得到马超定稿。

第一版草图。这个时期项目组对武将人物的美术风格处于摸索阶段，所以马超的形象偏向动作网络游戏的装备设计，比起武将更像侠客，算是一个有趣的尝试，并最终被保留了下来。但是因其动作不适合竖版的卡牌展示，因而进行了其他方向的设计。（图 1）

图 1

图2

图3

第二版草图，看上去过于像是侠客了，不符合游戏在后续发展中定下的武将的基调，故未采纳该设计。（图2）

最终稿细化过程，最终选择了骑在马上的形象来强化人物骑兵的感觉。（图3）

最终效果，表现了马超的英雄形象，不再用过于飘逸的披风来显示侠客风，而是以表现其本身气质为主。而一个武力高强的武将，自然是需要弓箭来衬托的。参考历史上马超使用的是一杆长枪，因此人物的主要武器也保持为枪，同时枪头处辅以红缨，以打破画面偏暗的色调，使得整体看上去更加活泼。（图4）

图4

猛士系列

夫一人当关，万夫莫能开者，真猛士也。

董卓

董卓，字仲颖，是东汉末年的西凉军阀。趁着大将军何进招其入宫诛杀宦官的时机领兵入京，恰逢何进被宦官所杀，董卓便一举把持朝政。他随意废立天子，逼死太后，纵容手下将领抢掠百姓，俨然一副暴虐、病态的魔王形象。

在定下人物形象的基调后，决定设计一个暴虐、残酷的邪恶形象。

图 1

最终方案是一副类似狮子的样貌、用手中的锯齿剑给小兵割喉。这样，一种残忍可怕的感觉就能很好地体现出来了。（图 1、图 2）

最终效果，因为尺度问题删掉了被杀害的小兵，保留其他元素。暴虐在画面上可以体现为残忍、好杀、血腥。病态可以用夸张身体的一些特征来表现，（如与正常人不同的肤色，甚至是畸形的体态都可以表现他的病态和扭曲），犹如野兽一般，相当有震慑力。（图3）

图3

图 4

同时游戏中还有另外一个董卓形象，主要是选取其在京城乱政时的情形来做设计背景，表现董卓入京之后的形象。这个时期的董卓废立天子、淫乱后宫、镇压天下诸侯，使西凉集团势力盛极而衰，开始走下坡路。最终确定用荒淫奢靡的情景来表现董卓的放纵与疯狂，同时也预示着他即将走向灭亡。

第一版草图，用美女和美酒来表现荒淫，身躯肥硕病态。（图 4）第二版草图，把董卓的衣服去掉，将其病态的肤色暴露得更多，也增加了其荒淫的程度。董卓的锯齿剑表现了他纵情享乐的前提是拥有称霸天下的势力。此外，又增加了美女人数。（图 5、图 6）

图 5

图 6

最终效果，主要细化了人物的表情，把那种残忍的笑容表现了出来。华丽的绸缎装饰与病态的肤色形成强烈反差，凸显了荒诞感，也将当时当权者“金玉其外，败絮其中”的感觉表现了出来。（图 7）

图 7

吕布

吕布，字奉先，在正史中便是一个武力不凡的武将，经过演义的刻画，他成了公认的三国时期第一猛将。吕布多次更换主人，还杀死了自己的两任义父，因此名声很不好。但即便如此，方天画戟和赤兔宝马的组合还是其势不可挡的最好体现。

图 1

第一版草图。这个方案的初衷是尝试塑造一个不露脸的吕布，因为市面上吕布的设计很多，但没有见过类似的设计。除了表现吕布在战场上犹如魔神般的强大，还增加这个角色的神秘感。比如，公认的天下第一的猛将，谁也不知道长什么样子。甚至进一步发散思维，吕布并不是具体的一个人，而是一个符号、一个面具，无论是谁，只要经过考验戴上面具，就是吕布。（图 1）

可惜最后整体效果并没有达到预期，故重新进行其他方向的设计。

图 2

第二版草图。这个方案是在传统吕布的形象上进行的探索。这版加入了吕布标志性的天牛须，在设计上开始转变为要体现吕布的霸气和豪迈，但这个版本整体并不惊艳，故还是重新进行其他方向的探索。（图 2）

图 3

另一个版本的吕布，同样是要表现梦境，这张的效果更具迷幻性，有一种压迫感，类似甲虫的头盔和鲜红的毛发是其亮点。（图 3）

这个版本的初衷是要表现吕布著名的典故——辕门射戟的情景。因此弓箭是画面的主题。

第一版草图，尝试用经典吕布的形象，结果并没有很好地展现吕布的气质，构图和人物动作无法给人留下深刻的印象。此设计的最终目的是让人只要见过一次，就牢牢地印在脑海里。从这个目的出发来分析，只有色彩有足够强烈的对比才能给视觉带来较强的刺激。（图 4）

图 4

第二版草图，根据上一版的需求绘制的新方案。同时采用更大胆的表现方式，把原来能代表吕布形象的装备全部去掉，只保留构成这个主题最基本的元素，即一个强大的吕布和弓。（图5）

最终效果，保留了梦魇的感觉，但是尽可能把多余的内容精简了。吕布背上的“鬼神”二字增加了画面的趣味性，也让人物背部不会显得太空。在保证了这点后，半裸的人物形象可以显得更具魄力。同时，背景用了暗色的恶龙，与吕布那种霸道相得益彰，增加了画面的丰富度。人物的动作是已经放出一箭的感觉，配合上自信的神情就像是完成了百步穿杨的一箭一般，和设计的主题分外契合。（图6）

图5

图6

典韦

典韦武艺卓越，“雄武壮烈，不在张辽、许褚之下”。他被曹操任命为都尉，专门负责护主周全，这很容易让人联想到一个孔武有力的贴身护卫的形象。

他最为人熟知的事迹便是在张绣翻盘之时力护曹操逃脱，自己最终力战而死。在进行人物设计时参考了典韦这最为高光的时刻。有记载称“帐下壮士有典君，提一双戟八十斤”，可知其所用的武器；另外，张绣叛乱时是突然袭击，可以想象曹操一方必是准备不足，所以最终选择使用一个卸甲状态的典韦来从侧面表现当日的情形。

第一版草图，形象上符合设计需求和思路，但气势上有些不足，人物只是凶恶但不够有趣，故对构图进行了重新设计。（图 1）

图 1

最终效果，刻画出了一个死士的感觉。人物怒目而视的眼神和嘶吼着的表情很好地显示出了一种视死如归的感觉，有种面对着敌人发出怒吼的画面感，结合该人物在历史上的结局，可以说是非常有特色的设计表现了。（图3）

最终稿细化过程，将构图设计为一种为了守护某人而怒吼迎敌的感觉，表现出该人物最后一战时的场景。（图2）

图2

图3

兀突骨

该人物在正史中并未记载，为《三国演义》中杜撰的角色，是为乌戈国国主。小说里夸张地描述其为“身长丈二，不食五谷，以生蛇恶兽为饭”。可以想象，其必然是一个凶悍的少数民族族长的形象。

图 1

初稿，比较保守，主要参考了对乌戈国藤甲兵的描述，为其披上了藤甲。但是形象过于普通，经讨论最终放弃。（图 1）

最终稿细化过程，风格最终定为使用《三国演义》中的描述来设计。（图2、图3）

最终效果，考虑到该角色本就非真实角色，故采纳《三国演义》中的形象来加工——身长丈二、身有鳞甲、刀箭不侵。最终呈现出一种非常有魄力的效果。（图4）

图 4

许褚

许褚，字仲康，长八尺余，腰大十围，容貌雄毅，勇力绝人，在追随曹操后主要负责曹操的护卫工作。在曹操与马超相争时护得曹操安全，并打败敌将，又因马超问起“虎侯”，从此便以“虎痴”之名为天下所知。

图 1

初稿，取材自演义里裸衣恶斗马超的情形。因此许褚的形象为赤裸上身的样貌。但许褚本身是护卫的身份在该方案里不能显示出来，故重新进行设计。（图 1）

图2

最终稿细化过程，选择了用救人的情景来冲淡该人物的杀气。（图2、图3）

图3

最终效果，虽然人物的杀气更甚，但其行为是保护队友，这种反差把护卫本身的强劲实力进一步拔高。其背部的猛虎，既强调了“虎痴”的称号，也丰富了人物本身的细节，让画面不显得单调。同时，该人物身上的气场也进一步强化了，有种让敌人难以逾越的感觉。（图4）

图4

周泰

周泰，字幼平，在孙策平定江东时加入孙策军，数有战功。后来，孙权爱其为人，向孙策请求让周泰跟随自己。之后周泰多次于战乱当中保护孙权。孙权曾经对周泰说“卿为孤兄弟战如熊虎，不惜躯命，被创数十，肤如刻画”。基于此，该人物的形象定位为一个伤痕累累的护卫。

图 1

初稿，想要表现出一种坚实、不可逾越的感觉，但是最终呈现的效果略显呆板了。

最终效果，保留了伤痕累累和护卫这两大特点，另外将画面设计出一种万夫莫开的感觉，像一堵挡在敌人面前的高墙一般。此外，在人物盾牌上刻画了一个张牙舞爪的白虎形象。白虎为东方圣兽，寓意为该人物是东吴守护神一般的存在。（图 6）

图 2

图 3

图 4

图 5

第二版草图，构图比较有趣，但是缺乏护卫的感觉，故最后舍弃（图 2）；第三版草图，想要找一些不同于护卫感觉的设计，但最后发现构图没有太大问题，但人物特点变得不足，故重新用回护卫的思路（图 3）。

最终稿细化过程，设计思路重新回到了坚如磐石的感觉。（图 4、图 5）

图6

红颜系列

红颜胜人多薄命，
莫怨东风当自嗟。

大乔

在《三国演义》中，诸葛亮为了刺激周瑜，曾引用曹操的话“吾一愿扫平四海，以成帝业；一愿得江东二乔，置之铜雀台，以乐晚年，虽死无恨矣”；还转述曹植的《铜雀台赋》，其中有这么两句“揽二乔于东南兮，乐朝夕之与共”。大乔似乎只是可以拿来用一下的物品，她本人的意愿与情绪完全没有人在意。

大乔，真实姓名无从得知。孙策在一次作战中虏获，因相中她的美貌而迎娶。但不久之后，孙策去世。依此来看，她当是个偏向悲情的、身不由己的人物。

大乔作为东吴阵营最知名的女性角色之一，在历史上、民间传说里、各种文娱产品中，都有她的身影。但真正的历史中对她的描述只有只言片语，给人的感觉是，她似乎只活在别人的转述与传说里，而她做了什么、说了什么，并不为人所知。因此只能根据推测出的悲情、孤独、不自由来进行人物设计。

最终定下的基调为美丽、无助、悲伤、彷徨。

图 1

图 2

最终稿细化过程。因为之前的画面虽然符合预期，但表情比较难拿捏，不能显得太惨又要有一种怅惘的感觉，故在制作过程中对大乔的细微表情进行了多次调整。（图3）

最终效果，营造出一种欲言还止、有千言但难述说的感觉。与蝴蝶相视体现了人物对自由的向往与渴望，而满地落花则暗示了人物不甚美好的结局。（图4）

第一版草图。这一版的情景设计本身没有问题，但是不适合大乔这个人物，画面太过温情和生动，不符合对大乔情绪的定位。（图1）

第二版草图。这一版画面有凄冷之感。大乔看向蝴蝶，欲说还休的样子，很符合对角色心情的想象。故决定采用这一版进行细化。（图2）

图3

图4

黄月英

历史上，黄月英其人并未被过多提及，但诸葛亮相关的典籍记载却可让后人一窥这位聪明伶俐的奇女子。

有记录描述，黄月英是一位相貌丑陋的女子，但与诸葛亮“才堪相配”，而诸葛亮设计的木牛流马就是参考了她所造器械。不过其相貌具体如何却未细说，只有其父的一番说辞，而这番说辞与古人谦称的“贱内”“犬子”并无不同。

基于此，最终在设计时着重表现了黄月英智慧的一面，而样貌则设计为柔美的古典女子形象，并没有刻板地照搬人们的传统印象。黄月英最具代表性的特征便是她擅长设计各种精巧器械，故在人物表现上加入了许多富有古代“科技感”的元素。

画面很有张力，但可惜的是并没有记录可查黄月英和战场有什么联系，所以这种号令感会显得没有缘由，故需要重新设计。（图 1）

不再有号令感，但人物太过动感，与想要塑造的那种知性美人的感觉相去甚远，故未被采纳。（图 2）

图 1

图 2

图3

图4

最终稿细化过程，将女性的柔美和科技相结合，符合定位。（图3、图4）

最终效果，很好地体现出了一种知性美的感觉。星象仪体现了古代的高科技；竹简和毛笔是古代文化的象征，表现了一种知识的性感；漫天的孔明灯不但充实了画面，还把黄月英和她的丈夫诸葛亮用暗线联系起来。（图5）

图5

武将展示

司马懿 · 辅王平乱

魁杰雄特，秉心平直。威严允惮，风行草靡。

张春华 · 宣穆阅礼

宣穆阅礼配潜鳞，母仪天下育真龙。

诸葛亮 · 赤壁祭风

出师一表真名世，千载谁堪伯仲间。

黄月英 · 碧纱待月

黄氏奇女闺中待，奇械巧工胜诸葛。

马云禄 · 红颜银枪

柳腰束胄覆青纱，霜枪玉剑破万军。

貂蝉 · 凤仪施计

三战虎牢徒费力，凯歌却奏凤仪亭。

赵云 · 长坂陷阵

古来冲阵扶危主，只有常山赵子龙。

诸葛亮 · 草船借箭

出师一表真名世，千载谁堪伯仲间。

吕布 · 无双飞将

龙驹跳踏起天风，画戟荧煌射秋水。

王异 · 怀贞秉节

九出奇计好巾帼，三分贤妇青史铭。

貂蝉 · 献舞连环

三战虎牢徒费力，凯歌却奏凤仪亭。

甄洛 · 洛神醉卧

体迅飞凫，飘忽若神，凌波微步，罗袜生尘。

吕蒙 · 西望荆襄

白衣摇橹真奇计，一举荆襄取次休。

荀彧·计守三城

颍上文若王佐才，名齐五岳震三台。

魏延

文长刚粗，临难受命，折冲外御，镇保国境。

华雄

汜水关前马上行，遍杀诸侯死亦得。

贾诩

生平筹策算无遗，经达权变真奇人。

荀攸

公达运筹比良平，大贤功振三分国。

曹丕

飞鸽晨鸣声可怜，留连顾怀不能存。

关羽

马骑赤兔行千里，刀偃青龙出五关。

张姬

姊妹椒房堪继美，册仪宣命左将军。

关银屏

翩若惊鸿舞刀剑，云袖沙阵染朱红。

关羽

马骑赤兔行千里，刀偃青龙出五关。

马岱

得遇明主展宏图，袭斩逆臣安蜀汉。

董白

芙蓉未出清清水，轻罗小伞遮暗香。

祝融夫人

性如烈火红海棠，执戟金戈好女杰。

孟获

七擒七纵终服蜀，南蛮亦知忠义信。

轲比能

小种鲜卑御群狄，称雄漠南附义王。

张宁

贤师身殒太平消，茕茕朱符黄天道。

于吉

平气去来，兆候贤圣，功行种民，定法本起。

貂蝉

三战虎牢徒费力，凯歌却奏凤仪亭。

庞德

白马将军大丈夫，忠烈美名昭千载。

张郃

儁乂官渡投明主，屈指一算料敌先。

曹纯

统领虎豹锐无当，斩谭俘胡震宇内。

夏侯渊

五出平叛，威震叛军；虎步关右，所向无前。

郝昭

陈仓守阁拒诸葛，不减墨翟制公输。

严颜

军中生死何足怪，乘胜使气可若何。

曹仁

入毗皇家，帝之股肱。出作侯伯，实抚东夏。

曹操（汉朝）

山不厌高，海不厌深。周公吐哺，天下归心。

许褚

只因孟起军前见，天下从兹播虎侯。

夏侯惇

孤月独明堪比论，至今功绩照乾坤。

黄月英

黄氏奇女闺中待，奇械巧工胜诸葛。

大乔

香闺搦管记何书，并蒂芙蓉按花谱。

徐晃

徐晃为将，处事精当。飞矢城中，既降不妄。

马云禄

柳腰束胄覆青纱，霜枪玉剑破万军。

沙摩柯

面如噀血碧眼突，番将亦知忠义信。

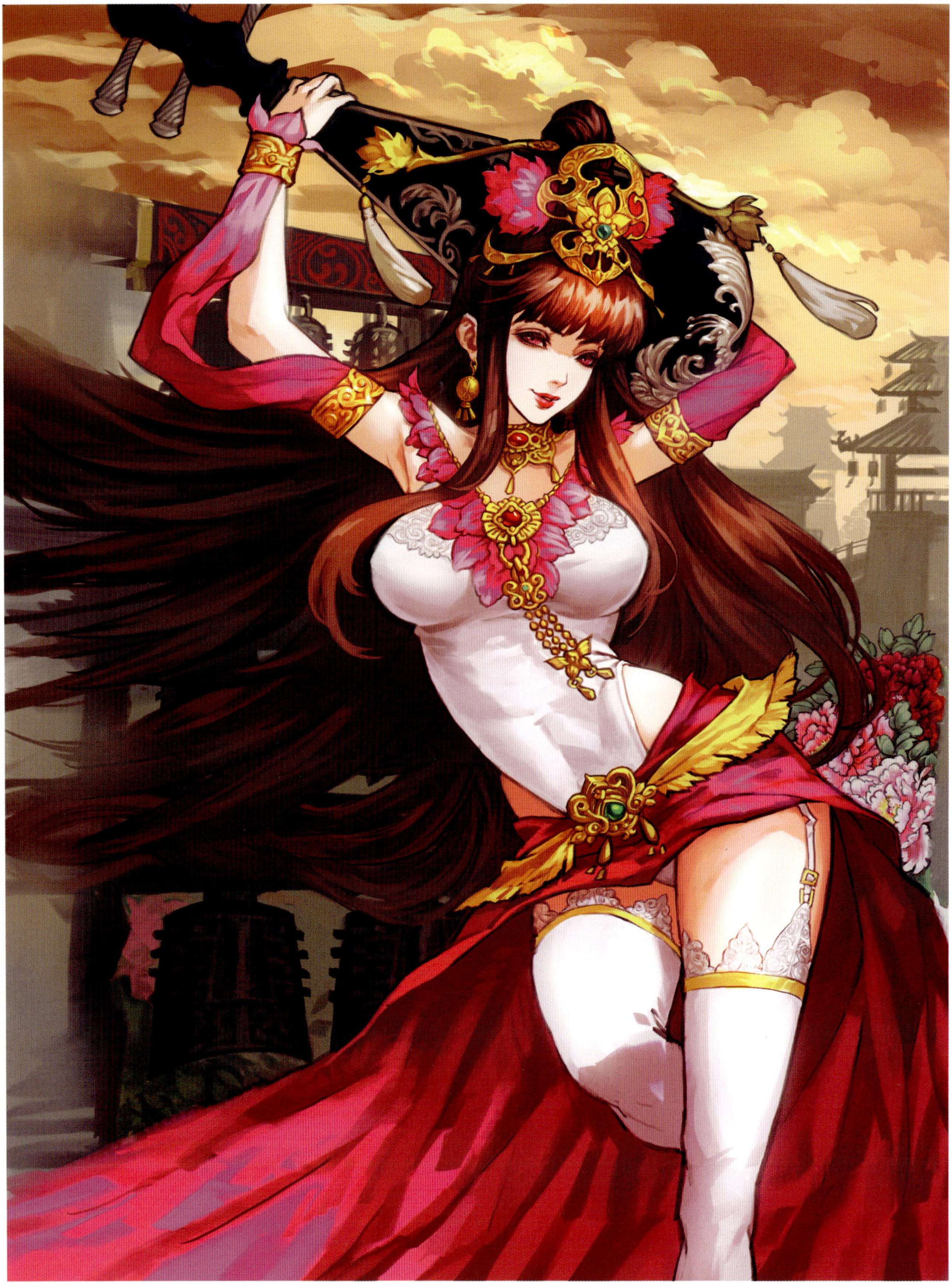

貂蝉

三战虎牢徒费力，凯歌却奏凤仪亭。

刘备

贤矣昭烈，宽厚弘毅。崎岖立国，仗信履义。

张飞

虎牢关上声先震，长坂桥边水逆流。

黄忠

将军气概与天参，白发犹然困汉南。

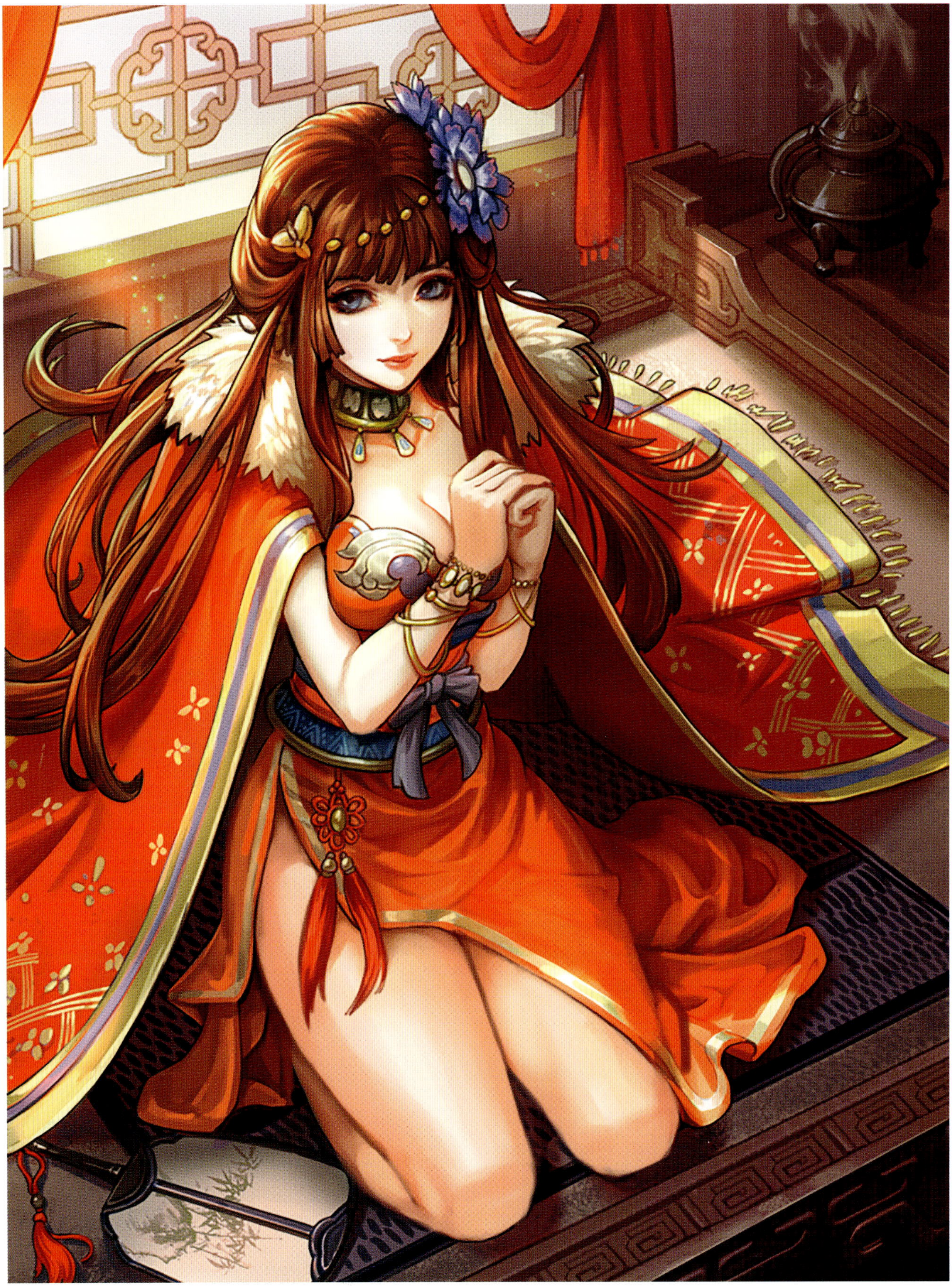

周姬

佳人筌篌忆先父，玉指抚弦奏遗志。

张角

苍天已死，黄天当立，岁在甲子，天下大吉。

姜维

阴平穷寇非难御，如此江山坐付人。

黄盖

老骥伏枥设苦计，赤壁火光映白首。

小乔 & 大乔

乔家二女双芙蓉，一代国色江之东。

凌统

蛾视曹瞒，霆扫锋猬。翼蔽仲谋，脱危虎尾。

陆抗

兴吴事业父子谋，赫赫威名震千古。

张机

及时行疫气之法，皆当按斗历占之。

甘宁

百翎直贯曹家寨，尽说甘宁虎将才。

孙策

玉貌英雄千古少，笑他操备是蒹葭。

太史慈

矢志忠孝太史公，临终壮言千古嗟。

孙尚香

江东侍婢迎郎日，犹记刀光满洞房。

朱儁

将军乱世国所赖，忠义守节不辱名。

何太后

家本屠者，选入掖庭。鸩杀美人，威慑后宫。

袁绍

少年意气自纵横，漫有英雄百万兵。

司马懿

魁杰雄特，秉心平直。威严允憚，风行草靡。

蔡文姬

去时怀土兮心无绪，来时别儿兮思漫漫。

吕姬

遥记虎牢战三英，而今空余方天烈。

张宝

地公将军善左道，使得妖术乱千军。

张梁

人公将军知将略，能守广宗破义真。

木鹿大王

骑象披金腰悬刀，呼风唤雨驱虎豹。

李儒

识破孟德献刀计，鸩杀少帝狼子心。

典藏卡

人中吕布

当阳桥

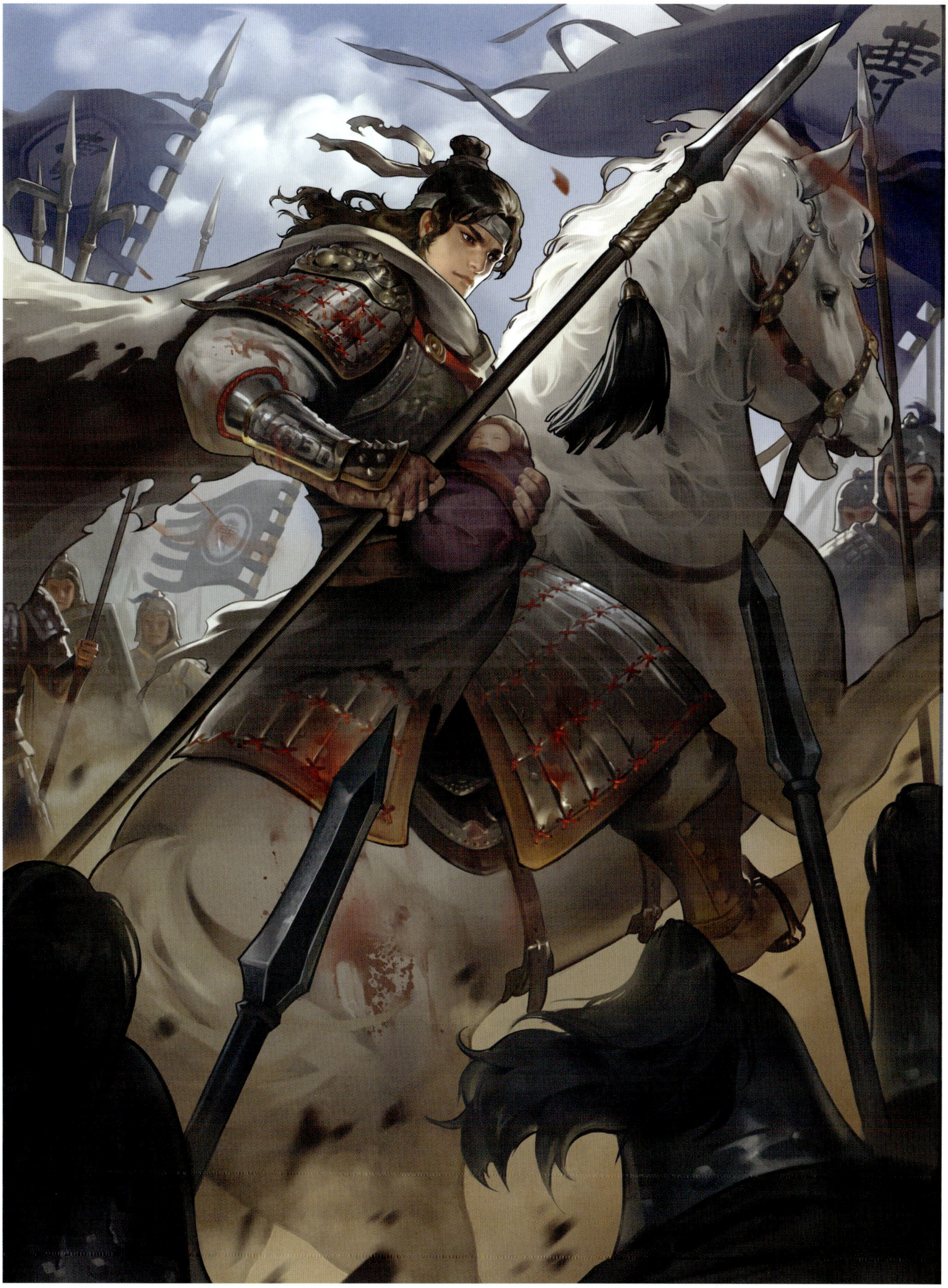

单骑救主

鼎足江东

汜水关

枭雄卡

凤仪亭

威震逍遥津

桃园结义

名胜篇

东岳泰山

北岳恒山

九寨沟

武陵源

岳阳楼

铜雀三台

白马寺

隆中

长江

珠江

赤壁

檀溪

夷陵古战场

长城

黄鹤楼

原画篇

游戏中采用了大量的插画来表现不同的赛季和事件，这些插画很好地烘托了游戏的背景。同时，画师们为了更好地统一游戏的画面风格，尽可能在设计插画时表现一种很有魄力、重视构图的设计感觉。

开场原画

天
龙
地
蛇

八阵图

群雄讨董

兴平烽烟

山河万里

英雄纵横（一）

璋
袁
马
表

陶
曹
吕
公

兵临城下（一）

兵临城下（二）

拨云见日（一）

拨云见日（二）

率土之滨 （一）

沙场点兵

宣传插图

诸葛亮 & 黄月英

周瑜 & 小乔

司马懿

吕布

法正

祝融 & 孟获

曹操

关银屏

卞夫人

马超

孙坚

貂蝉

张辽

周姬

展望篇

3D化的介绍

周瑜皮肤设定

美术师们不会安于现状，一直在寻找可以突破的地方，从《率土之滨》4 周年开始，便尝试用 3D 方式制作不同的武将。美术师们将周瑜作为第一个尝试 3D 化的对象，后续还推出了关银屏、黄月英和张辽这几个武将的 3D 皮肤画像。

在此期间，美术师们不但对武将的 3D 形象表现有了进一步的认识，而且探索出了更多不同的画像风格。无论是恢弘的水战场景还是精致的机械奇巧，都给玩家带来了全新的视觉体验。此外，越来越多的武将 3D 模型被设计和制作，随着这些新的模型的陆续完成，未来还有更多可能的使用场景，比如武将在游戏中的展示、不同类型的武将手办等。可以说，未来可期！

关银屏皮肤设定

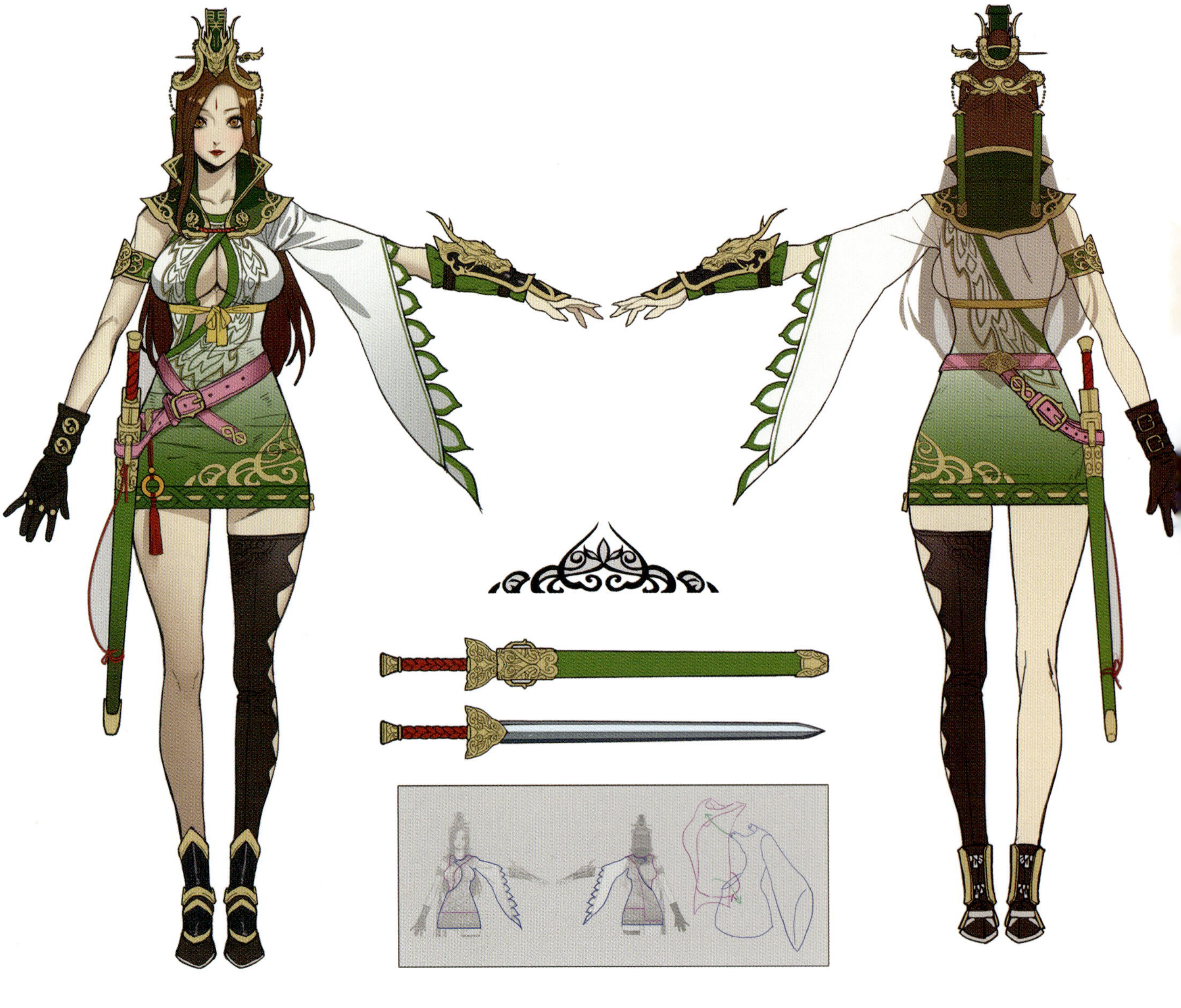

08"
07"/09"
10"
08"

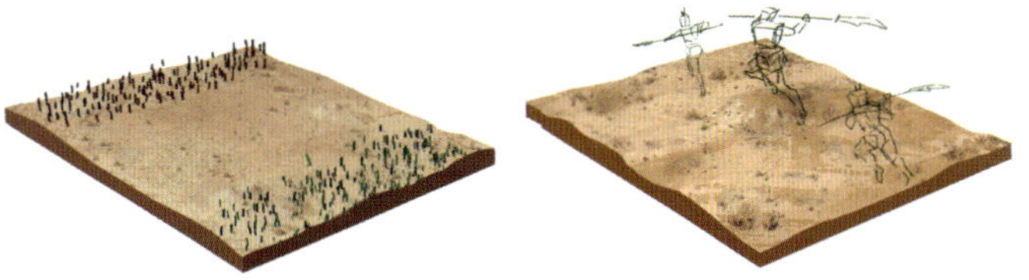

黄月英皮肤设定

外壳材质

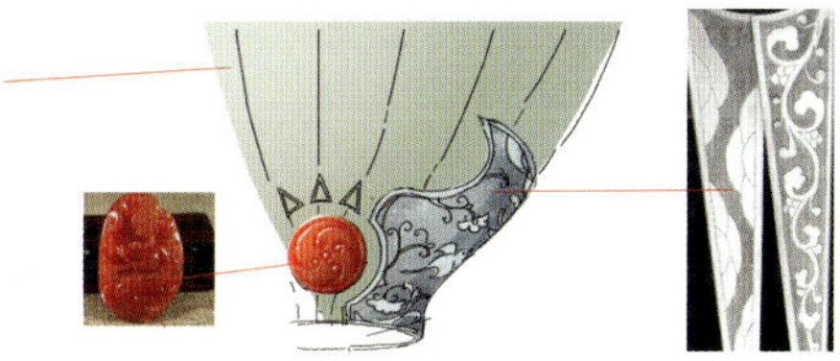

内部运动和注解

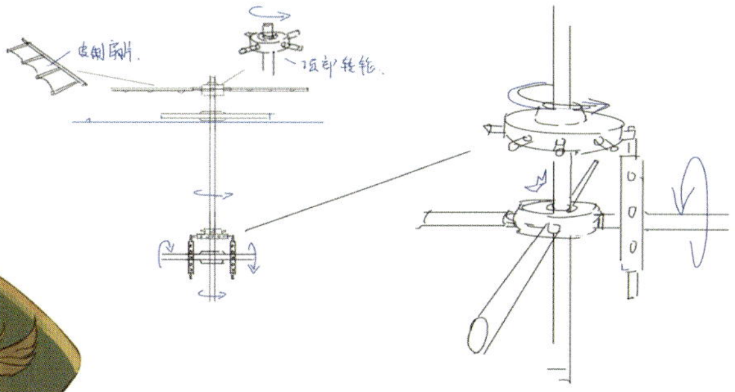

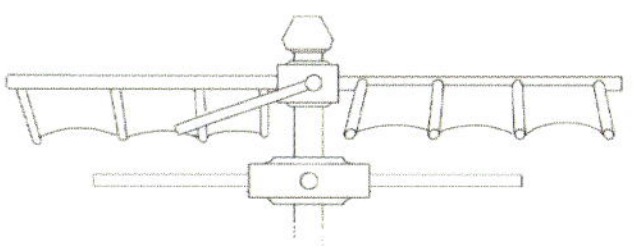

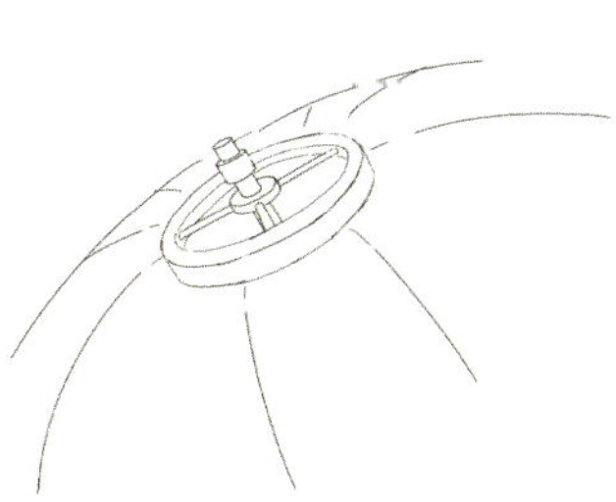

阵营汇聚展示

魏国阵营图

蜀国阵营图

吴国阵营图

群雄阵营图

汉阵营图

致谢

制作人 李凯明

游戏策划 陈阁
陈敬文

关聪
樊蔚萌
王潇
祝郁晗
付荣辉
邓冲
郑俊璘

孟祥麟
邓乐庆
张彦琦
戴俊毅
林凯
杨一帆
赵龙
方天华

程序开发 管建军
刘印挺
杨冰

谢冰
刘顺
平伟
张孟岩
徐泳钧
李文强
杨小伟
黄健伟

黄春昊
王科
罗锡彪
谢文祺
黄俊坤
王源
邱德索
吴文杰

艺术设计 苏迪
罗金萍

唐翌珏
刘铁鑫
杨亚军
何菲
梁宇浩
林宇凡
石微
方选
聂薇
劳建明

毛敏南
李俊杰
何昭卫
伍毅书
李俊良
张凯
李佳
岳萌萌
伏琦
涂昀
王雪文
田玮

交互设计 曲明皓
黄国锋

林烁
庄志海

张瑶
刘霁萱
刘鸿平
冯国荣
赵莉
蒋琳
刘泽强
王骏

游戏测试 温哲

招成林
杨杰
赵子莹
丘汉廉
陈玉洪
李程杰

赵春玉
易琪淙

用户体验 张潮贵

刘冠伦
游祥瑞
石晶

戴俊毅
林文佳
林硕
黄宇
宋崇

项目管理 赵超亚
王婷

诸婧芳

关聪
黄健鹏
李猛海
赵千
武超逸

营销发行 夏鑫城
郑德伟
钱琨

覃宇清
罗西
袁一
姚天
申梦怡
杨瀚凌
黄韵芯
纪晓潼
张俊生

孙启帆
陈君
李凤妮
陈绮郡
郑文杰
王建文
高俊鸿
钟强